LES HABITATIONS OUVRIÈRES

ET

L'INTERVENTION DES POUVOIRS PUBLICS

LES

HABITATIONS OUVRIÈRES

ET

L'INTERVENTION DES POUVOIRS PUBLICS

PAR

Georges CAHEN

Extrait de la **Revue Politique et Parlementaire** *(Avril 1906)*

PARIS

BUREAUX DE LA *REVUE POLITIQUE ET PARLEMENTAIRE*

63, RUE DE L'UNIVERSITÉ

LES HABITATIONS OUVRIÈRES
ET L'INTERVENTION DES POUVOIRS PUBLICS [1]

I

C'est de plus de soixante ans, que datent en France les premiers essais tentés en vue d'assainir les logements ouvriers et près de douze ans ont passé depuis que le législateur est intervenu pour seconder ces efforts ; mais le bilan de l'œuvre réalisée n'en reste pas moins des plus modestes !

D'après le Dr Bertillon, on compte encore à Paris 15.000 ménages de 4 personnes ou plus entassés dans une seule pièce, et 24.000 qui, avec 5 personnes ou plus, se pressent dans deux pièces. Si on admet avec l'éminent chef du service de statistique de la Ville, qu'il y a encombrement excessif lorsque le nombre des membres d'une famille dépasse le double du nombre des pièces, on rencontre ainsi dans la Ville-Lumière 80.681 ménages, soit 364.610 personnes logés en violation des lois de l'hygiène ! Or, tandis que la mortalité est pour 100.000 Parisiens, de 10,8 aux Champs-Elysées, elle s'élève à 78,4 à Necker, à 83 au Père-Lachaise, à 104 à Plaisance ! (1) Et l'âge moyen des décédés, qui est de 47 ans dans les logements d'une pièce occupée par 1 ou 2 individus, s'abaisse à 37 ans, quand ces mêmes habitations donnent asile à plus de 4 personnes (2). Si bien que M. de Molinari évalue à 250 millions la somme indispensable pour assurer à la population parisienne l'hygiène

---

(1) Cf. notre étude publiée dans la *Revue Politique et Parlementaire* du 10 août 1904.

(2) Dr Romme, *Revue scientifique*, 21 février 1903.

(3) Baudran : *L'habitation dans l'Oise, son hygiène.*

du foyer, et M. Piot ne l'estime pas à moins de 500 millions (1).

De substantielles monographies permettent de se rendre compte que la situation des grandes villes de province est loin d'être, à cet égard, plus satisfaisante. Les centres industriels, les ports maritimes, toutes les agglomérations urbaines offrent les mêmes dangers. C'est par milliers qu'on y recense les taudis humides, obscurs, décrépits, les foyers de contamination épidémique !

Et cependant la France est riche en dévouements. En nul autre pays, peut-être, on ne connaît autant de générosité modeste, de patience persévérante. Chaque année, l'œuvre des habitations ouvrières attire de nouvelles et puissantes recrues. Il semble même qu'en ces derniers temps l'élan se soit imprimé avec un regain d'ardeur ! Sur 147 sociétés qui avaient, depuis 1894, sollicité l'approbation ministérielle, 52 s'étaient créées durant la seule année 1904 ; et 66 d'entre elles, les seules qui eussent fourni un bilan, avaient utilisé 14 millions de capitaux et réussi à héberger 15.000 individus !

Deux symptômes significatifs nous révèlent les progrès du mouvement qui se dessine dans les différentes classes sociales ; c'est le développement des coopératives d'habitation ; c'est aussi l'importance des donations.

Les intéressés, qu'ils soient ouvriers, employés ou agriculteurs, prennent de plus en plus le parti de se grouper pour l'acquisition de maisons à bon marché ; renonçant à attendre les concours étrangers, ils mettent en commun leurs économies, et aussi leurs efforts. Le nombre des sociétés coopératives s'accroît ainsi chaque jour : en 1904, on n'en comptait pas moins de 33 nouvelles !

Une noble émulation anime les riches bienfaiteurs. Après M. Michel Heine, après MM. Gouin et Stern, ce sont MM. de Rothschild qui viennent de consacrer à l'amélioration du logement ouvrier le joli denier de dix millions. Au compte de la fondation on va construire sur l'emplacement de l'ancien marché Popincourt, sur celui de l'hôpital Trousseau, et rue de Belleville, de vastes immeubles dont les plans mis au concours réalisent les derniers perfectionnements de l'art ; les revenus

(1) Nous empruntons ces indications au remarquable rapport de M. Turot. Conseil municipal de Paris, 1905.

qu'ils produiront grossiront chaque année le patrimoine initial, l'œuvre se trouve ainsi assurée d'un perpétuel développement.

Des donateurs qui se dissimulent sous l'anonymat ont suivi cet exemple ; près d'un million a servi à la création d'une cité ouvrière derrière le Père-Lachaise. Et M. Alexandre Weill, l'an dernier assurait libéralement à une fondation nouvelle le coquet douaire de 1.500.000 francs !

La générosité est parfois contagieuse : la confrérie de nos modernes Crésus ne s'en tiendra point à ces initiatives isolées. On peut espérer que la manne bienfaisante continuera à se répandre avec largesses ! Mais comment escompter avec quelque certitude les caprices de la charité ? Et quel que soit le zèle des hommes de cœur et d'action qui prêchent la croisade, comment, en comparant les résultats obtenus à la tâche qu'il importe d'accomplir, pourrait-on renoncer à invoquer l'appui des Pouvoirs publics !

*
* *

Le législateur, après bien des hésitations, des tergiversations, des marchandages, n'a pas osé refuser quelques faveurs aux associations qui, courageusement, se mettaient à l'œuvre. Mais, en 1894, il les réduisit à un minimum dérisoire. Il gratifia les constructeurs de maisons ouvrières de quelques exonérations d'impôt, parcimonieusement mesurées. Il autorisa platoniquement certains établissements publics à leur consentir des prêts d'argent. Il rendit plus aisées à l'ouvrier l'accession et la conservation de la propriété des logements ainsi édifiés. Et, pour donner un gage ultime de sa sympathie, il créa des rouages administratifs nouveaux, luxueusement parés du titre de Comités et de Conseils, auxquels il omit, comme par hasard, de conférer quelque pouvoir !

La pratique atténua encore les effets qu'on pouvait espérer de la loi. L'administration se montra à l'excès avare des exemptions fiscales ; elle prétendit aggraver les conditions mises à leur obtention, au lieu d'en faciliter l'octroi. 120.000 francs de détaxes, tel est pour l'année 1904, le total des réductions ainsi accordées !

Comme avances consenties sur les deniers publics, on n'avait enregistré, à la fin de 1904, que 3 millions 1/2 au compte des

caisses d'épargne ; 500.000 francs à peine, pour les établissements de bienfaisance et 3.960.000 francs pour la Caisse des
Dépôts et Consignations, soit en total une somme de 8 millions 1/2, alors qu'aux termes de la loi, plus de 60 millions auraient pu recevoir semblable destination !

Le rôle essentiel des Comités est de se lamenter annuelle-
ment en de copieux rapports sur l'insuffisance de ces efforts !
Au début de 1905, 98 fonctionnaient dans 54 départements ;
mais le compte-rendu officiel constate que « la plupart d'entre
eux n'ont qu'une existence nominale, et qu'on ne peut en comp-
ter qu'un tiers environ, qui aient adressé au ministère du Com-
merce quelques renseignements. »

Aussi, de toutes parts, réclame-t-on, depuis plusieurs années déjà une réforme législative. M. Paul Strauss, dès 1902,
déposa sur le bureau du Sénat une proposition de loi, dont le
gouvernement, après un examen en commission spéciale, re-
prenait les principales dispositions à son compte, en mars
1904. Le Sénat en a délibéré en mai 1905, en janvier et
mars 1906. Un accord est intervenu entre l'honorable rapporteur, les représentants du gouvernement et la Chambre Haute.
Un dernier vote vient de le sanctionner définitivement, et il
sera sous peu soumis à la ratification de la Chambre des députés. Mais il a été conclu au prix de concessions qu'il est permis
de regretter ; la loi future, si elle n'est heureusement modifiée,
ne constituera qu'un compromis et une demi-réforme.

Pour se convaincre des nécessités de la situation présente,
il suffit d'examiner les conditions essentielles auxquelles se
trouve subordonné le développement de l'œuvre et de compa-
rer aux propositions sanctionnés par le Sénat les dispositions
législatives appliquées dans la plupart des pays voisins.

II

La plus grosse difficulté que rencontrent les associations
d'habitations ouvrières, c'est le groupement des capitaux. Les
bonnes volontés, si actives soient-elles, ne peuvent rien entreprendre sans le secours de l'argent ; et les sources, où on en
puise, sont vite taries !

Voici que pour fonder une société nouvelle, quelques hom-

mes d'initiative se réunissent. Ils versent d'importantes souscriptions ; puis, à leurs amis, à leurs relations, aux personnes
connues pour leurs largesses, ils demandent une collaboration
financière. Avec les premiers fonds ils achètent un terrain, et
contractent un emprunt pour construire. La maison s'achève ;
tous les logements en sont loués. Le succès a couronné ces
efforts. Mais qu'est-ce que 30 ou 50 familles arrachées à la
misère du taudis, quand il en est 300.000 qui, à Paris seul,
vivent encore dans l'obscurité et l'humidité de quatre murs
sordides ? Point ne faut s'arrêter en chemin ! Les associés veulent continuer leur œuvre, réédifier une deuxième, une troi-
sième maison, puis dix, vingt immeubles. Où trouver les fonds?
A grand'peine, ils ont réuni 100.000 francs ; pour les grouper, ils ont versé leurs économies disponibles, celles qu'ils peuvent immobiliser dans des placements à long terme et à faible
revenu ; ils ont dû ensuite aller quêter de porte en porte, sans
souci d'amour-propre, de peine, ni de temps. Mais le dévouement a ses limites : ils sont las d'essuyer des refus à peine po-
lis, des remontrances en guise d'encouragements, las aussi
d'implorer des souscriptions, que, de méchante humeur, on
leur accorde comme des aumônes ! Et dès lors, comment continuer l'effort entrepris ? Dès le premier succès, les voici entra-
vés, faute de ressources ! Ces vicissitudes ne sont point imagi-
naires ; nous connaissons certaine société qui les a vécues.

Et c'est ainsi que les groupements privés se développent si
péniblement, et que parmi les 147 qui sont officiellement ap-
prouvés au 31 décembre 1904, près de la moitié (67 exactement), disposent d'un capital de moins de 50.000 francs !

Un jour viendra peut-être où les associations d'habitations
ouvrières seront assez puissantes pour faire des appels directs
au grand public et attirer à elles l'épargne française ; leurs
obligations seront cotées à la Bourse comme celles des crédits
fonciers de France, d'Algérie ou d'Egypte.

Peut-être aussi assisterons-nous à un revirement des Compagnies d'assurances en leur faveur. Jusqu'alors, ces établissements ont voulu édifier de somptueux immeubles sur les
plus larges et riches avenues, pour attirer le regard du pas-
sant, client éventuel, pour inspirer surtout la confiance aux
naïfs que séduisent les apparences de la splendeur. Elles ont
ainsi immobilisé des capitaux considérables ; le revenu n'en

dépassé guère 2 1/2 à 3 0/0 : c'est que le luxe est capricieux, les terrains chers se déprécient, la mode se déplace, et si un seul appartement reste vacant dans un immeuble qui n'en compte que cinq, le rendement baisse sans compensation, sans équilibre possible. Les maisons ouvrières constituent des placements plus sûrs à la fois et plus féconds : la clientèle en est plus nombreuse ; l'aléa des pertes y est moins étendu ; la concurrence aux propriétaires voisins, plus aisée, puisque ceux-ci vont jusqu'à réclamer dans les faubourgs urbains le double ou le triple d'un lover raisonnable et se rémunèrent à 8, 10 et parfois 15 0/0 !

Aussi ne faut-il pas désespérer de voir les directeurs avisés des grandes Compagnies favoriser une orientation nouvelle. Nous en connaissons dont c'est la pensée intime. Mais il faut attendre qu'elle se manifeste par des actes ! Et cependant, sans répit, la tuberculose continue ses ravages !

*
* *

N'est-ce donc pas nécessairement aux pouvoirs publics qu'il convient de recourir ? Les formes que leur concours peut revêtir sont multiples : il n'en faut négliger aucune.

Sous le régime de la loi actuelle, ni l'Etat, ni les départements ou communes ne peuvent directement faire des avances de fonds. Seuls certains établissements publics sont autorisés à construire, ou bien à consentir aux constructeurs des prêts hypothécaires : les établissements de bienfaisance, jusqu'à concurrence du 1/5e de leur patrimoine, et à la condition que les maisons soient construites dans les limites de leur circonscription charitable ; la Caisse des dépôts et consignations, pour 1/5e de la réserve provenant des fonds des Caisses d'épargne ; les Caisses d'épargne elles-mêmes, pour le revenu et un cinquième du capital de leur fortune personnelle. Encore ne peuvent-ils point souscrire d'actions de sociétés.

Si les autorisations législatives sont ainsi parcimonieusement mesurées, avec quelle discrétion ont-elles été mises à profit !

Au 31 décembre 1904, 34 Caisses d'épargne avaient prêté leur concours à l'œuvre des habitations ouvrières, pour moins de 3 millions 1/2 (2.350.000 francs en constructions, et 1 million 100.000 francs en prêts et obligations); alors que 35 mil-

lions auraient pu recevoir cette affectation ! Les administrateurs de ces établissements ont mieux aimé laisser 75 millions
en compte-courant à la Caisse des dépôts et 31 millions 1/2
placés en rentes sur l'Etat ; ils se sont ainsi libérés de tout souci
et de toute responsabilité ; aux préoccupations de réforme sociale, ils préfèrent leur coutumière quiétude.

A la même date, 36 millions pouvaient être mis en circula-
tion par la Caisse des dépôts au bénéfice des constructeurs de
maisons hygiéniques à bon marché. Or ,à la fin de 1902, elle
n'avait utilisé à cet effet que 2.129.500 francs ; sous la poussée
de l'opinion publique, elle semble avoir voulu réparer les ou-
blis du passé, et à la fin de 1905, elle s'enorgueillissait d'avoir
versé pour la bonne cause 4.439.800 francs ! 4 millions 1/2 sur
36 millions ! Pour distribuer ces deniers publics, elle s'en
était d'ailleurs remise aux soins d'un établissement privé, qui
prélevait 1 0/0 de commission pour ses bons offices !

L'action des établissements de bienfaisance a été plus timide
encore, et cependant, n'est-ce pas la destination même du patrimoine des pauvres que de servir à l'amélioration de la
vie des déshérités et des humbles, à l'hygiène préventive
des épidémies, à la diminution des foyers de contagion !
De très rares administrations charitables ont su répondre à
l'appel pressant qui leur a été adressé. A Paris la première
tentative ne date que d'hier. Grâce à la persévérance avisée
de M. Mesureur, et aux dispositions prévoyantes du Conseil
de surveillance, on vient de consentir près de 500.000 francs
de prêts à des sociétés d'habitations ouvrières.

Il est vrai d'ajouter que l'Assistance publique de Paris pos-
sède un portefeuille de plus de 150 millions ! Mais si modeste
qu'elle ait été, cette manifestation d'intelligente hardiesse mar-
qua dans les fastes de l'administration, comme une manière
de révolution !

A Nancy, la Commission du bureau de bienfaisance, grâce
au dévouement éclairé de son président, M. Lallement, pratique l'assistance par le logement. Elle a fait construire de
petites maisons, où elle héberge les familles indigentes char-
gées d'enfants, moyennant un loyer minime (20 francs par
mois), se réservant d'ailleurs d'en faciliter le paiement à l'aide
de secours.

Mais ces initiatives restent quasi-isolées. Les administra-

teurs préfèrent les placements en rentes, en obligations de
villes ou de chemins de fer, qui ne troublent point leur confor-
table tranquillité !

*
* *

Que l'on compare à de telles pratiques les exemples qui
nous viennent de l'étranger !

En Angleterre, les Commissaires de prêts pour travaux publics peuvent, d'après la loi de 1890, faire d'importantes avances aux individus ou sociétés qui construisent des maisons ouvrières, sous la seule condition que le délai de remboursement
n'excède pas 40 ans. Et, depuis 1899, les autorités locales prê-
tent elles-mêmes aux particuliers, qui veulent en devenir acquéreurs, jusqu'à concurrence des 4/5es de la valeur de l'immeuble, et d'un maximum de 240 livres sterlings (6.000 francs),
à un taux d'intérêt qui ne peut dépasser de plus de 1/2 0/0 celui
que les autorités locales versent à leur tour aux Caisses où
elles empruntent.

Les démocraties scandinaves deviennent des initiatrices dans
la voie des réformes sociales. C'est ainsi que le ministre des
Finances danois a été autorisé (loi du 28 février 1898) à consentir jusqu'en 1907, sur les fonds du Trésor, et dans les limites d'un maximum global de 2.800.000 francs, des prêts à
4 0/0 (amortissement compris), soit aux communes, soit aux
sociétés privées qui construiraient des habitations ouvrières
salubres et s'engageraient à affecter tous les excédents de re-
cettes au développement de l'institution. Et la Norvège, en 1903,
n'a pas hésité à constituer une banque spéciale de prêts pour
habitations ouvrières, sous le contrôle et la garantie de l'Etat.

La nouvelle législation italienne (31 mai 1903) ne se borne
pas à autoriser les Caisses d'épargne à consentir des prêts aux
constructeurs ou acquéreurs de « maisons populaires ». Elle
y encourage les Monts-de-Piété, les œuvres pies, les sociétés
d'assurances, et toutes les institutions de crédit foncier, qui,
pour ces placements, bénéficient de faveurs fiscales et même
d'exonérations d'impôts.

Mais c'est en Allemagne et en Belgique, aux portes mêmes
de la France conservatrice, qu'il convient d'aller porter des
regards investigateurs.

La plupart des Etats de l'Empire consentent directement

des prêts aux constructeurs ; ceux de Bavière, de Saxe, de Würtemberg. Le gouvernement prussien avance jusqu'à 90 0/0 de la valeur des immeubles, en ne demandant que 4 0/0 d'annuités, amortissement compris.

Deux sortes d'organes administratifs y ont spécialement pris à tâche de favoriser l'extension des logements hygiéniques : ce sont les Caisses d'assurances — et aussi les Communes . — Au 31 décembre 1902, les 31 Caisses régionales et les Caisses autonomes disséminées sur le territoire avaient avancé près de 105 millions de marks (130 millions de francs) : 85 millions de marks étaient placés en première hypothèque, représentant la moitié de la valeur des maisons ; mais pour 18 millions, aucune garantie de ce genre n'existait, et l'avance avait été consentie pour 2/3 du prix des immeubles. Le taux des prélèvements annuels y variait entre 3 1/2 et 5 0/0. Il était le plus généralement de 3 0/0 d'intérêt et de 1 0/0 d'amortissement.

Les municipalités rivalisent de zèle pour atteindre au même but ; leurs moyens d'action varient à l'infini : tantôt elles constituent des établissements de crédit hypothécaire, comme à Dresde, comme à Düsseldorf, où on a voté à cet effet un emprunt de 20 millions, et où, en décembre 1902, plus de 3 millions 1/2 avaient été prêtés sur 109 immeubles ; tantôt elles offrent leurs bons offices et leur crédit, pour faciliter aux intéressés l'accès d'autres caisses ; elles n'hésitent pas même à donner caution, pour gager les emprunts qui y sont faits.

Dans la province rhénane, au 1er octobre 1902, 66 communes ont pu ainsi, en ne prêtant directement que 470.000 marks, favoriser, par d'autres procédés, la construction ou l'acquisition de 6 millions de marks d'immeubles.

L'exemple de la Caisse générale d'épargnes et de retraites belge est aussi utile à méditer :

Aux sociétés de crédit constituées sous la forme anonyme, elle avance : 1° la moitié du capital souscrit et non versé par les actionnaires, sans réclamer aucune garantie ;

2° Les 3/5e du gage immobilier fourni à la Société, pourvu que celle-ci n'en ait avancé elle-même que les 9/10es.

Cette dernière quotité entre seule en jeu, quand il s'agit de sociétés coopératives de crédit.

Quant aux sociétés de construction, elles peuvent obtenir des prêts, jusqu'à concurrence de la moitié de la valeur de leurs immeubles.

Ces règles, dont la rigueur et la complexité mathématiques apparaissent comme singulièrement rébarbatives, permettent, dans la réalité concrète, d'obtenir les plus féconds résultats.

On en peut aisément juger: une Société anonyme de crédit se fonde au capital de 100.000 francs. La législation belge n'oblige les actionnaires qu'à un versement initial du 10ᵉ de leur souscription, soit 10.000 francs. La Caisse d'épargne pourra donc faire une avance de $\frac{100.000 - 10.000}{2}$ soit 45.000 francs. Dès le jour de sa constitution, la Société de crédit aura ainsi un fonds de roulement de 55.000 francs, dont 10.000 francs seulement auront été fournis par les associés.

Qu'un ouvrier s'adresse ensuite à elle pour une construction de 2.000 francs. A la condition de posséder 1/10ᵉ de cette somme, soit 200 francs, il pourra en obtenir 1.800 francs. Mais la Caisse d'épargne interviendra à nouveau, et avancera à la Société de crédit les 3/5ᵉˢ du gage de 2.000 francs, soit 1.200 francs, si bien que cette dernière n'aura à débourser en fin de compte que 600 francs sur son capital de 55.000 francs.

De la sorte, avec 200 francs fournis par chaque intéressé, et 10.000 francs d'actions libérées, il sera possible d'édifier des immeubles pour une somme de 182.000 francs, dont 28.000 francs fournis par les capitaux privés, et 154.000, soit plus des 4/5ᵉˢ, par la Caisse générale d'épargne ! On peut apprécier par cette proportion les facilités exceptionnelles de crédit qui sont accordées aux œuvres d'habitations ouvrières !

En 1891, au moment où le nouveau régime institué par la loi de 1889 entra en vigueur, on fixa les intérêts des prêts à 3 0/0, mais les Sociétés de crédit bénéficièrent du taux réduit de 2 1/2 0/0. On espérait « qu'elles rechercheraient sur place l'épargne naissante » et on voulait en favoriser le développement. Ce n'est qu'en 1895 qu'on releva le taux à 3 1/4 et 3 0/0. « Toutes les Sociétés existantes sont aujourd'hui assises sur des bases solides ; la plupart ont amorti leurs frais de premier établissement. La période des essais, des tâtonements est donc terminée... Quant à l'espérance qui avait été conçue de voir les Sociétés de crédit se constituer en groupements locaux attirant à eux l'épargne naissante, pour l'utiliser immédiatement

sur place, il semble que l'on doive y renoncer. Les considéra-
tions qui entraînèrent la décision prise par le Conseil général
dans sa séance du 21 mars 1891 ont donc perdu, aujourd'hui
la plus grande partie de leur valeur. » (Exposé des motifs
de l'arrêté du Conseil général de la Caisse, Juillet 1895). Mais,
à cette époque, et c'était ce que le directeur général ne man-
quait pas de rappeler, la Caisse avait, au taux de 2 1/2, avancé
aux Sociétés de crédit 26.459.924 francs.

Depuis lors, le mouvement si heureusement imprimé ne
s'est pas interrompu ; au 31 décembre 1904, la Caisse avait
avancé :

59.777.929 francs à 124 Sociétés de crédit ;

2.391.813 francs à 37 Sociétés immobilières, toutes anonymes.

Sur les 62 millions ainsi prêtés, 28 millions l'avaient été à
2 1/2 0/0 ; 32 millions, à 3 0/0 ; 1 million 1/2, à 3 1/4 0/0.

Chaque année, on peut évaluer presque régulièrement de 2
à 3.000 le nombre des avances nouvelles. Or, sur 29.863 débi-
teurs hypothécaires existant depuis la création du service, on
n'en avait rencontré que 1784 qui fussent en retard pour le
payement de leurs mensualités, et 135 seuls avaient dû être
expropriés ! (1).

Les initiatives des administrations charitables ou communales, pour moins fréquentes et plus modestes qu'elles aient été,
n'en apparaissent pas moins, en Belgique, comme des plus
fécondes. L'attitude gouvernementale à leur égard, ne laisse
pas d'être singulièrement instructive : « Je vous prie, décla-
rait, dès 1891, le ministre de la Justice aux gouverneurs, de
vouloir bien engager la députation permanente du Conseil
provincial à autoriser l'acquisition, par les établissements de
bienfaisance, d'actions de Sociétés anonymes pour la construction de maisons ouvrières. » Constructions directes, prêts,
souscriptions d'actions, subventions, tous les modes d'intervention sont licites, recommandés. Aucune entrave n'est mise
à la libre action des collectivités.

En vertu de cette autonomie, la ville de Gand, en 1901, a
pu favoriser la constitution d'une Société pour la construc-

(1) Nous tenons à exprimer ici nos remerciements les plus vifs à
M. Hanhar, directeur général de la Caisse, à la gracieuse obligeance de
qui nous devons ces renseignements précis.

tion de maisons ouvrières, qui, fondée au capital de 500.000 francs, comprend, comme principaux actionnaires, le bureau de bienfaisance (100.000 francs), et la commune elle-même (200.000 francs). Les statuts en ont été arrêtés de concert avec le Conseil communal, et c'est la municipalité qui a fait la propagande pour solliciter des souscriptions individuelles. Elle s'est réservé, par contre, le contrôle de la gestion, et une représentation dans l'administration de la Société.

Ce régime de liberté fonctionne depuis quinze ans à la complète satisfaction de tous, alors qu'on hésite encore à l'inaugurer en France !

Et cependant, n'est-ce pas de notre pays surtout que l'on pourrait dire ce qu'un consciencieux enquêteur, M. Ed. Fuster, affirmait récemment de l'Allemagne : « De plus en plus, il apparaît aux observateurs de cette complexe question de l'habitation qu'elle est avant tout une question de crédit. »

III

La réforme est urgente ; elle est nécessaire. Quelles sont, à cet égard, les propositions du gouvernement ?

Le texte nouveau, adopté par le Sénat, maintient aux établissements d'assistance la faculté de prêt précédemment reconnue, et dans les mêmes limites ; il se borne à supprimer la restriction, parfois embarrassante, qui interdisait les avances hors de la circonscription charitable.

Aux départements et aux communes, il reconnaît des libertés jusqu'alors refusées : celles de consentir des prêts, de souscrire des obligations et même des actions de Sociétés, de garantir jusqu'à 3 0/0 et pendant 10 années le dividende des actions ou l'intérêt des obligations des Sociétés.

La Caisse des dépôts, les Caisses d'épargne conservent les facultés antérieurement concédées.

Mais nous avons vu ce qu'il advient, dans la réalité, de ces formules législatives. Les libertés que le Parlement sanctionne, restent platoniques ! On s'est refusé, néanmoins, malgré la demande qui en avait été officiellement faite par plusieurs comités d'habitations à bon marché, à transformer en une obligation cette simple possibilité : chaque administration reste ainsi maîtresse de sa gestion.

Mais est-ce à dire que les représentants de l'Etat, quand ils ont proclamé dans un texte solennel des principes abstraits, doivent se désintéresser de la manière dont ils sont mis en pratique ?

L'autonomie des corps locaux enlève au gouvernement tout droit de contrainte. Il faut faire confiance aux municipalités et aux établissements d'assistance ; des avertissements réitérés, d'heureux exemples et, plus encore, leur intérêt bien compris secoueront leur torpeur. La ville de Paris semble s'engager résolument dans la voie des réformes. Elle comprend l'utilité présente de l'œuvre ; elle lui a promis son concours. Le vote presque unanime des conclusions formulées par l'honorable M. Turot dans son remarquable rapport, en est un heureux présage. D'autres villes imiteront cette initiative. Pour que la machine entière se mette en branle et fonctionne, le plus léger déclanchement pourra suffire.

Mais la situation des administrations charitables est quelque peu différente. Le bien des pauvres, à tout moment, doit être utilisé en vue du relèvement des misères sociales : c'est sa destination propre. C'est aussi la volonté présumée des donateurs qui l'ont constitué de leurs deniers. Aussi ne suffit-il point que les intérêts annuels de cet immense patrimoine soient consacrés à un tel usage, le capital lui-même doit recevoir semblable affectation. Si donc les Conseils des hospices et des bureaux de bienfaisance continuent à se montrer récalcitrants, et méconnaissent ainsi les intérêts vrais dont ils ont la garde, il appartient à l'Etat d'user de son pouvoir de tutelle et d'imposer, même par la loi, la nécessité des placements « sociaux ».

Il est surtout un établissement dont l'aide financière peut être du plus grand prix. C'est la Caisse générale des dépôts et consignations. Or elle relève du contrôle du Parlement, et c'est au Parlement à imprimer à sa gestion une direction nouvelle. Nous avons rappelé l'accueil malveillant que la Caisse avait réservé aux initiateurs de la réforme. Comme l'a fort opportunément déclaré M. Paul Strauss à la tribune du Sénat, ceci est le passé. N'en parlons que pour mémoire, et, résolument, envisageons l'avenir.

Les dispositions actuelles du Conseil de surveillance s'affirment plus favorables. Le très distingué directeur, M. Delatour, a tenu lui-même à témoigner de ses bonnes intentions :

depuis son entrée en fonction, la progression des avances consenties par la Caisse aux Sociétés de maisons hygiéniques s'est notablement élevé. En 1901, on ne comptait que 1 million 700.000 francs de prêts ; en 1903, il y en avait pour 3 millions ; en 1904, pour 4 millions ; en 1905, pour 4 millions 1/2 (2.982.500 francs ; 3.960.300 francs ; 4.439.800 francs exactement).

C'est en grande partie à son initiative que l'on doit l'étude des modifications à apporter dans le service. On peut désormais prendre acte de la réorganisation promise.

MM. Siegfried et Messimy, avaient, le 7 mars 1905, éloquemment dénoncé à la tribune de la Chambre des députés, les errements passés et, en particulier, les inconvénients d'une Société interposée. Dorénavant la Caisse, directement, sans intermédiaire, consentira des prêts, au taux de 3 0/0, sous la double condition suivante :

1° La moitié des sommes dues par les acquéreurs de maisons individuelles devra être couverte par des assurances temporaires contractées à la Caisse nationale d'assurances en cas de décès ;

2° Le dividende servi aux actionnaires sera limité au maximum de 3,25 0/0.

Pour les Sociétés qui ne rempliront pas ces conditions, l'intérêt sera élevé à 3,25 0/0. Seule, la portion de la somme empruntée qui sera utilisée au profit d'acquéreurs de maisons individuelles assurés à la Caisse, bénéficiera du taux réduit de 3 0/0.

La durée de l'amortissement ne comporte aucune règle fixe. « La Caisse ne se refusera pas à étendre le délai de 25 ou 30 ans, lorsqu'il s'agira de maisons collectives construites dans une grande ville. »

Pour la détermination du montant des avances, ce seront, en principe, les règles de la Caisse d'épargne belge qui seront appliquées : une Société anonyme, dont les actionnaires n'ont versé que le quart de leur apport, pourra affecter à la construction de maisons individuelles, un capital d'emprunt égal au capital souscrit, ou une fois et demie cette somme aux prêts sur garanties.

Tel est le système dont la Direction de la Caisse vient de fixer les règles, et qui, depuis quelques semaines, a reçu ses premières applications. Il constitue un sérieux progrès. Mais réalise-t-il vraiment toutes les améliorations qu'on était en droit d'espérer ? Donne-t-il la mesure exacte de tous les avantages qui pourraient être consentis, en tenant compte des intérêts supérieurs dont cet établissement a la garde ? Nous ne pouvons nous résoudre à le croire.

*
* *

Pendant dix ans, la Caisse des dépôts a mis un capital de 5 millions à la disposition d'une Société privée, dite Société de crédit des habitations à bon marché, au taux réduit de 2 0/0. Pourquoi le jour même, où elle se décide à favoriser l'essor de l'œuvre, en consentant des avances directes, émet-elle la prétention de prélever 3, et même 3,25 0/0 ? « Nous ne pouvons pas, répond l'honorable M. Delatour, à la tribune du Sénat (séance du 13 février 1906), en consentant aux Sociétés d'habitation un taux d'intérêt inférieur, faire un acte de générosité, qui serait, certes, très agréable à accomplir, mais qui réduirait l'alimentation de ce fonds, lequel est la garantie suprême des déposants, et dont nous pouvons avoir besoin à un moment donné. » Et M. Boulanger, sénateur, membre du Conseil de surveillance de la Caisse, d'ajouter : « Je ne veux pas laisser à M. le Raporteur ni au Sénat, la pensée que nous irons plus loin. » — Il est pour le moins étrange que l'on aggrave les conditions des prêts, au moment même où on prétend les faciliter !

Résignons-nous momentanément au taux de 3 0/0! Du moins, doit-il rester uniforme ! Comment souscrire à son élévation éventuelle à 3,25 0/0 ? Le législateur a fixé le dividende maximum qu'il considérait équitable de pouvoir verser aux actionnaires des Sociétés de maisons à bon marché, sans que celles-ci perdissent le bénéfice de ses faveurs. Il est de 4 0/0. Dans ces limites, toutes les associations approuvées ont un droit, et un droit égal à réclamer les prérogatives inscrites dans la loi. Les prêts des établissements publics sont de ce nombre. Pourquoi la Caisse des dépôts se substituerait-elle au Parlement, pour fixer un sous-maximum et différencier le taux de ses avances ? Elle altérerait ainsi le sens des prescriptions législatives.

Ce qu'il importe de spécifier, c'est un amortissement à long terme. De sa durée dépend, en grande partie, le succès de la réforme. Mais il est rationnel ici d'établir des distinctions : les maisons individuelles donnent chacune asile à un ménage ; elles constituent des foyers isolés. C'est donc pendant la vie du chef de famille, que leur acquisition doit devenir définitive : leur amortissement normal ne peut excéder le temps moyen d'une existence utile : 30 ans.

Les maisons collectives qu'on élève dans les agglomérations urbaines comportent une destination et des conditions diffé-rentes. Elles sont données à bail. La Société, être moral à du-rée indéfinie, en reste seule propriétaire. Rien ne s'oppose donc à ce que les charges initiales se répartissent sur une plus longue période. Il y a plus, cette prolongation s'impose : car, dans la grande ville, les terrains sont chers, parfois hors de prix ; la construction doit être exceptionnellement solide, les matériaux de premier choix ; les charges fiscales pèsent lour-dement sur l'immeuble, frappé par les taxes municipales com-me par les impôts d'Etat.Et cependant, le chiffre du loyer y doit être particulièrement réduit, car les vivres y sont d'un coût élevé, et les chômages fréquents. L'ouvrier de la ville ne peut consacrer qu'une part réduite de son salaire au loge-ment. Si donc on veut favoriser sincèrement la construction de maisons hygiéniques à bon marché dans les faubourgs ur-bains, là même où le besoin s'en fait particulièrement sentir, il faut abaisser au strict minimum les frais généraux de l'en-treprise, et notamment les charges de l'amortissement.

Or, 100 francs à 3 0/0 amortissables en 25 ans comportent une annuité de 5 fr. 74. En 50 ans, l'annuité descend à 3 fr. 88.

Pour des immeubles de 200, 300, 500.000 francs, on peut juger des différences que cette substitution entraîne ! Le taux des loyers s'en trouverait abaissé de 10 à 12 0/0 !

La Caisse des dépôts, suivant en cela l'exemple de l'Assis-tance publique de Paris, doit donc se résoudre à adopter comme règle, pour les maisons collectives, une durée d'amor-tissement de 50 ans.

Pourquoi, d'ailleurs, se résigner à une servile imitation de l'organisation belge ? On la citait comme un modèle, parce que la direction de la Caisse d'épargne était agissante, dans le temps que nos administrateurs se complaisaient dans une molle indifférence. Elle mettait libéralement 65 millions de ca-pitaux à la disposition des Sociétés d'habitations ouvrières, alors que notre Caisse s'en laissait à grand'peine arracher

4 1/2 ! Mais si vraiment, on est disposé à entrer dans la voie du progrès, pourquoi s'hypnotiser sur cet unique système ? Il comporte des avantages, certes, que nous sommes les premiers à apprécier, et dont nous réclamons le bénéfice ; mais il n'est point exempt d'erreurs, et ce n'est pas à Bruxelles que nos établissements doivent chercher un mot d'ordre. Des décisions qu'on y peut éventuellement prendre, comment faire dépendre toute notre conduite ? L'Italie, l'Allemagne, la Norvège, l'Angleterre offrent aux imitateurs des enseignements précieux. Et pourquoi surtout, à notre tour, hésiter à marcher de l'avant, résolument, au lieu de nous traîner toujours à la remorque d'autrui ?

IV

Les administrations publiques ont d'autres moyens encore d'encourager et d'aider les Sociétés d'habitations ouvrières ; elles peuvent, par exemple, leur faciliter l'acquisition des terrains sur lesquels elles construisent. Il advient souvent, en effet, que la plus grosse part de l'argent souscrit serve à en payer le prix ; bien des propriétaires ne consentent point à de longues échéances ; ils exigent de beaux deniers comptants. Et, lorsqu'on veut bâtir dans quelque quartier populeux d'une grande ville, le mètre superficiel y atteint un prix exorbitant, 150 ou même 200 francs. C'est dans ces centres surpeuplés qu'il est pourtant le plus urgent d'introduire un peu d'air et de lumière ! C'est au cœur de ces foyers de contamination, dans des maisons grouillantes, à neuf et dix étages, aux logis sombres et bas, dépourvues de cours, qu'il faut porter la pioche ! Et si cependant, on paye le terrain à sa pleine valeur marchande, comment pourra-t-on y élever des maisons « à bon marché » ?

Les autorités publiques peuvent résoudre cette difficulté. Il leur appartient de provoquer des expropriations, puis, sans rechercher d'autre profit que l'intérêt général, de céder le sol ainsi déblayé à des constructeurs qui s'engageront à y édifier des logements ouvriers.

Aux collectivités qui possèdent des terrains, il doit être possible de les affecter à cet usage, en les vendant à prix réduit, en les louant à très long bail, ou même en en faisant l'apport gratuit.

C'est une forme d'intervention autorisée, encouragée même par le législateur italien de 1903, et communément pratiquée en Allemagne. Certaines communes de l'empire allemand, telles que Francfort-s.-Mein et Leipzig, utilisent même l'emphytéose, l'Erbbau, en vertu de laquelle elles se réservent la reprise des immeubles au bout de 75 ans, moyennant une faible indemnité.

Le projet voté par le Sénat a recueilli fort heureusement ces enseignements. Il prévoit les cessions de terrains faites par les départements et les communes de gré à gré à moitié prix de leur valeur et celles qui sont consenties aux Sociétés sous forme d'apport social. Mais il spécifie un peu trop étroitement les modalités diverses que ces offres de concours pourront affecter.

Dans l'avenir, elles sont susceptibles d'un développement considérable. On voit par exemple, que la Ville de Paris en a sérieusement envisagé l'éventualité. Elle avait primitivement songé à utiliser dans ce but le Champ de Mars, les anciennes fortifications, certains terrains déclassés ; mais elle s'est heurtée à des objections d'ordre financier, qui ont fait reculer les plus hardis. A la Fondation Rothschild, la municipalité, du moins, a voulu témoigner sa bienveillance, en lui vendant les terrains sur lesquels elle doit édifier ses premières maisons ; elle a admis qu'elle se libérât de leur prix en 50 annuités. « Ce que la Ville a fait pour accroître l'effet de la donation Rothschild, déclare l'honorable M. Turot, elle sera encore prête à le faire pour toutes les initiatives de ce genre. » Aussi, rappelant les nombreuses formes d'interventions des communes allemandes, le rapporteur du Conseil municipal sollicite-t-il leur adoption. Pourquoi serait-il téméraire de penser qu'un tel appel peut être favorablement accueilli, non seulement par la ville de Paris, mais encore par d'autres grandes administrations françaises, communales, charitables ou hospitalières ?

*
* *

Le législateur de 1894 avait estimé faire acte de générosité, en accordant quelques faveurs fiscales. En réalité, elles constituaient un très modeste encouragement, dont les rigueurs des agents du Trésor avaient encore réduit l'effet. Le Conseil su-

périeur des habitations à bon marché n'a cessé, depuis quelques années, de se faire l'écho des plaintes et revendications
que de tels errements soulèvent.

Le projet gouvernemental se borne à étendre de 5 à 12 ans
l'exonération des impôts fonciers et des portes et fenêtres, et
à élever sensiblement les maxima des loyers au-dessus des-
quels les avantages légaux cessent d'être accordés.

Ces exemptions sont notoirement insuffisantes. Il est, en
particulier, inadmissible que les emprunts contractés par les
Sociétés de construction ou de crédit soient soumis aux droits
d'enregistrement, de mutation, de timbre, dans leur complète
intégralité. Car une annuité de 3 francs est ainsi élevée à 3,15
ou 3,18 0/0. Le ministre des Finances, devant le Sénat, s'est
refusé à consentir une réduction de ces taxes. Il est indispensable que la Chambre insiste pour forcer cette résistance in-
justifiée.

Les impôts qui frappent le propriétaire doivent être tous
notablement réduits, quand ils sont réclamés à une entreprise
sociale, qui, renonçant à tout profit, ne poursuit que l'intérêt
général. Les taxes locales représentent parfois la plus lourde
charge. Ce n'est donc pas seulement l'Etat, ce sont les départements et les communes qui doivent entrer dans la voie des
dégrèvements. Or, à l'heure présente, une imposition de 2 fr.50
sur le revenu net des propriétés bâties, et une autre de 0 fr. 10
sur la valeur en capital, sont réclamées également à tous les
propriétaires parisiens, et, bien que complémentaires de la
contribution foncière, elles atteignent les maisons à bon marché, qui sont légalement exemptées de ce dernier impôt.

N'en est-il pas de même des droits de voirie ? Ils entraînent
un important débours qui grève les premiers exercices d'exploitation des immeubles. Par leur prélèvement, se trouve dé-
truit l'effet des exonérations consenties en faveur des constructions nouvelles.

La Ville de Paris, là encore, a pris une sage résolution, lorsqu'elle a fait remise à la Fondation Rothschild des frais de
viabilité inhérents à certains terrains vendus ; c'était un dégrè-
vement de 29.000 francs. Mais ce privilège exceptionnel doit
devenir une prérogative générale et absolue.

Et s'il est besoin de précédents pour rassurer la timidité de nos réformateurs, qu'ils s'inspirent des prescriptions de la loi italienne de 1903, qui réduit au quart les taxes d'enregistrement et de négociation de tous les actes passés par les Sociétés d'habitations ouvrières, et qui étend l'exception de l'impôt foncier à toutes les surtaxes provinciales et communales.

V

Est-ce même à ces procédés d'intervention indirecte que les pouvoirs publics doivent limiter leur action ?

Il n'est plus qu'en France, dans notre démocratie intransigeante, qu'on persiste encore à le croire. Dans tous les autres pays d'Europe, l'Etat, les communes tiennent à honneur d'encourager l'initiative privée, non pas seulement par des faveurs, mais encore par l'exemple.

Les administrations se préoccupent d'abord d'assurer l'hygiène et le confort à leurs propres agents. Tel est le cas du gouvernement prussien qui, de 1895 à 1903, a consacré 44 millions de marks à « améliorer les conditions de l'habitation des ouvriers qui sont occupés dans les exploitations de l'Etat et des fonctionnaires les moins rétribués. » Tel aussi, celui de l'Empire allemand, où l'on vote successivement 2 millions en 1901, 4 millions en 1902, 4 millions en 1903, 5 millions en 1904, soit 15 millions de marks pour construire des logements à bon marché aux ouvriers des ports, aux employés des postes et télégraphes, etc.

Mais les autorités gouvernementales, et surtout municipales, estiment aussi remplir un devoir social, en assurant avec les deniers de la collectivité la salubrité au foyer des humbles.

Faut-il donc, pour s'en convaincre, aller puiser des enseignements dans le royaume de Saxe, dont le gouvernement, en 1903, n'hésitait pas, dans une circulaire officielle, à recommander la construction de maisons par les communes ? Faut-il s'en enquérir auprès des villes de Fribourg, d'Ulm, de Strasbourg, et surtout de Düsseldorf, dont les services d'assistance comprennent plusieurs immeubles affectés au logement des pauvres, ou des expulsés ?

Le législateur français pourrait utilement méditer l'exemple du Danemark, où les communes reçoivent dans ce but, des subventions du Trésor (loi du 26 février 1898), et celui de la Belgique, où les provinces, communes, hospices et bureaux de bienfaisance peuvent recevoir des dons et legs avec semblable affectation, et n'ont besoin que d'une simple autorisation administrative pour construire des immeubles ouvriers à leurs frais.

La législation italienne, la pratique anglaise surtout devraient stimuler notre émulation.

En Italie, depuis 1903, on fonde grand espoir sur l'initiative des communes, et le Parlement leur fait un large crédit. Quand le besoin en est reconnu, pour suppléer soit à l'absence, soit même à l'insuffisance des Sociétés privées, les communes peuvent entreprendre la construction de maisons populaires, pourvu qu'elles en réservent l'occupation à des familles dont le revenu collectif n'excède pas 1.500 lire et le revenu individuel 300 ; elles peuvent aussi édifier des hôtels populaires pour locations à la journée, ainsi que des dortoirs publics gratuits. On s'est borné, comme seules restrictions, à prescrire certaines formalités : les délibérations prises sur ces opérations doivent réunir un quorum de 2/3 au moins des conseillers en exercice; les loyers doivent être calculés, en tenant compte de l'intérêt du capital engagé, des frais d'administration, des taxes, des frais d'assurances, etc..., comme s'il s'agissait d'une entreprise industrielle. Les prêts contractés par les communes pour y pourvoir, doivent être couverts par une délégation sur le produit des surtaxes, et en cas d'insuffisance, sur le montant des autres contributions communales.

Le législateur italien n'hésite pas à autoriser des procédés exceptionnels pour atteindre à ce but : l'expropriation des quartiers insalubres, la vente des terrains ainsi expurgés, l'affectation du produit de ces aliénations à la construction de cités ouvrières. Par de tels moyens, il espère assainir les faubourgs des villes. Et, comme le concours des communes et des établissements publics lui semble indispensable, il leur témoigne le prix qu'il y attache, en leur accordant pour ces entreprises des exonérations fiscales exceptionnelles.

L'initiative du peuple anglais sait devancer les prescriptions réglementaires. Elle se manifeste spontanément, et la loi n'intervient ensuite que pour en préciser les formes. Parmi tant d'essais heureux, rappelons celui du County Council de Londres, qui a affecté £ 500.000 (12 millions 1/2 de francs) à la construction de 6.800 logements abritant 36.000 personnes. — Glasgow a construit 7 maisons meublées où se logent quotidiennement 2.400 personnes, pour 0 fr. 30 ou 0 fr. 45 par tête ; la même cité entretient un certain nombre de « Municipal family home », où elle abrite les veufs et veuves avec enfants, de façon qu'en l'absence des parents, qui travaillent au dehors, les bébés sont soignés par des bonnes spéciales et surveillés à la « nursery » commune. Pour 4 shillings par semaine, une veuve et 3 enfants y sont ainsi convenablement logés. Et nous passons sous silence les entreprises communales de Liverpool, de Southampton, de Hull, de Leeds, de presque toutes les grandes villes du Royaume-Uni.

Ce « socialisme municipal », qui s'épanouit ainsi sur la terre nourricière du traditionnel libéralisme, a reçu en 1890 la sanction législative. Le « Housing of the Working classes act» reconnaît en effet aux autorités locales les pouvoirs les plus larges pour assurer la salubrité dans les logements ouvriers. Il leur concède, sans restriction, le droit de construire, acheter, louer, échanger, vendre, administrer des habitations à bon marché. Une caisse de prêts leur est ouverte, qu'alimentent des emprunts, et aussi un impôt spécial perçu sur l'occupant de toute habitation, d'après son revenu imposable à la taxe des pauvres. Cette dernière prescription caractérise l'ensemble de la législation anglaise, qui constitue la mise en pratique effective des principes de solidarité sociale.

*
* *

C'est en France seulement qu'on se refuse à tenter semblable effort. Il y a plus : on le condamne ! Etrange anomalie ! Notre républicaine démocratie, dont la fière devise est « tout pour le peuple, et tout par lui ! », est la seule nation européenne que les théoriciens du laissez-faire aient conquise à la politique de l'inaction. L'interprétation de nos lois condamne, à l'heure présente, toute velléité de construction directe et leur modification dans un sens extensif soulève les plus opiniâtres résistances.

Si on habilite les administrations locales à entreprendre

l'exploitation de maisons ouvrières, ne va-t-on pas tuer l'initiative privée ? Est-ce le rôle d'une collectivité politique, qui jouit des prérogatives de la puissance publique, de concurrencer la libre industrie ? Les ressources de l'impôt sont illimitées ; où trouver un frein à leur gaspillage, si on admet leur affectation à des entreprises commerciales ? La gestion par des corps élus autorise tous les marchandages, l'oppression de la minorité par la majorité, les déprédations et les abus. Comment trouver dans une bureaucratie irresponsable la diligence, la souplesse, les préoccupations d'économie, que nécessite une gestion industrielle ? Est-il admissible enfin, que l'impôt, contribution collective aux dépenses communes, serve à diminuer les charges locatives des uns, par un prélèvement supplémentaire sur celles des autres ? Que devient l'égalité des citoyens devant le Trésor et devant la Loi ?

Le lieu n'est pas de reprendre ici l'antique controverse. L'évolution économique suit son cours. Et certains théoriciens se complaisent en leur tour d'ivoire, d'où ils prétendent régir le monde! Ils décrètent des lois immuables, quand tout se transforme ! Ils déduisent des formules abstraites d'autres formules, ils construisent de belle géométrie, mais la réalité leur échappe!

Comment, de bonne foi, nier l'impuissance manifeste de l'initiative privée, les obstacles incessants qu'elle rencontre ; comment, en face des misères humaines, afficher un dogmatisme aussi imprévoyant ? Les ressources de la bienfaisance privée n'ont-elles pas décuplé, à mesure que l'assistance publique développait son action ? Est-ce que, dans les pays voisins, loin d'affaiblir le zèle des philanthropes, l'intervention des pouvoirs publics n'a pas multiplié et fécondé leurs efforts ?

Lorsque, dans les enquêtes officielles, on constate l'iniquité des charges qui pèsent sur l'habitant des faubourgs, puisqu'il paye un loyer proportionnellement trois ou quatre fois plus élevé que le bourgeois des quartiers riches, peut-on considérer que la concurrence des entreprises communales romprait l'équilibre de la liberté commerciale, ou n'est-il pas plus exact d'affirmer qu'elle le rétablirait ?

Rien n'empêche, au surplus, que les municipalités adoptent, pour la constitution et la gestion de leurs immeubles, les règles des Sociétés privées, et en fassent l'objet d'un budget spécial, qui comporterait ses ressources et ses dépenses propres. Le législateur italien l'a sagement prévu. Malgré cette assimilation aux entreprises particulières, l'intervention communale se trouverait encore suffisamment justifiée par la multiplicité des moyens dont la collectivité dispose, et par la dignité du but désintéressé qu'elle poursuit.

Contre l'incurie des agents, les surenchères électorales, les dilapidations, les abus, des précautions peuvent être prises. Au surplus, d'autres essais d'industries municipales ont été tentés ; ils ont réussi. Et nous ne nous résignerons jamais à reconnaître à notre pays le monopole de l'incapacité, de la malhonnêteté ou de l'impuissance administratives que des esprits trop chagrins prétendent lui réserver. Dans un domaine où des peuples anglo-saxons, latins et germaniques ont su produire de féconds efforts, pourquoi serions-nous les seuls à échouer ?

Le droit à la vie comporte non seulement le droit au pain, mais encore le droit au logis. La justice sociale est lésée quand tous les citoyens d'un Etat ne peuvent en jouir librement, à moins qu'ils ne soient eux-mêmes en faute. Participer par l'impôt à la réparation qui est due aux déshérités, c'est donc s'associer à une œuvre de solidarité humaine.

Mais il y a plus ; c'est payer une prime d'assurance afin de diminuer ses propres risques. L'insalubrité de la maison du pauvre met en danger la santé du riche, la saleté des taudis menace par l'épidémie de contaminer les palais. La solidarité sociale se double en fait, d'une dépendance physique réciproque. Pour répondre aux besoins urgents que l'une et l'autre imposent, est-ce donc faire acte de révolutionnaire que de réclamer avec instance l'intervention des pouvoirs publics ?

GEORGES CAHEN.

N° 142 — T. XLVII   10 Avril 1906   13ᵉ Année

Revue
Politique et Parlementaire

Fondateur : Marcel Fournier — Directeur : Fernand Faure

SOMMAIRE

63, RUE DE L'UNIVERSITÉ, PARIS (7ᵉ)

TÉLÉPHONE 726-39

France : un an, **25** fr.; six mois, **14** fr.; Étranger et Union Postale : un an, **30** fr.; six mois, **16** fr.

Les abonnements peuvent partir du 1ᵉʳ de chaque mois

www.ingramcontent.com/pod-product-compliance
Lightning Source LLC
Chambersburg PA
CBHW060819280326
41934CB00010B/2744